Il cuore sul banco

I sentimenti dei bambini e delle bambine a scuola

di

Fiammetta Segala

Editore Mannarino

Contrada S.Chiara, 4
25122 Brescia
http://www.editoremannarinonew.it
infotiscali@editoremannarino.it

ISBN 978-88-96708-58-3
Prima stampa febbraio 2016

Disegni di Fiammetta Segala, il progetto editoriale di copertina è stato curato da Fabrizio Caruso della tipografia Grafiche Calabria s.r.l.

Rilettura del testo: Fiammetta Segala

Finito di stampare a febbraio 2016
presso Grafiche Calabria
via Marciello zona P.I.P.
Campora San Giovanni Amantea (CS)

A Ottavia

Fiammetta Segala

Ho quarantacinque anni e insegno da più di venti nella scuola primaria. Vivo nei pressi del Lago di Garda con la mia famiglia: mio marito, mia figlia e sei gatti persiani. Mi sono laureata all'Università di Pavia in Lettere Moderne con indirizzo storico e artistico. Mi occupo da sempre di arte, illustrazione, scrittura e bambini.

INDICE

- *Introduzione*

1. *Ascoltami maestra*

2. *Lettera d'amore di un bambino dislessico*

3. *Non sei più mia amica*

4. *Non ho fatto il compito – ma non è colpa mia*

5. *Un bambino perfetto*

6. *Non mi fanno giocare*

7. *Video bullo?*

8. *Non sono stato io*

9. *Odio il lavoro a coppie*

10. *Ha iniziato lui*

11. *La nonna in cielo*

12. *Il mostro Pancite*

13. *Diverso da chi?*

14. *Non ci riesco, non ce la faccio*

Introduzione

In questi anni di insegnamento ho incontrato tanti bambini. Ognuno di loro portava con sé un mondo carico di emozioni. Tutti avevano qualcosa da esprimere. Qualcosa da condividere. Mi sono chiesta quale potesse essere un canale comunicativo che favorisse la creatività e lo sviluppo affettivo. Ho scelto il testo in rima come codice espressivo e non a caso. Credo che le filastrocche siano i "bambini del linguaggio". Sono testi semplici, primordiali, sfuggono alle regole convenzionali plasmando figure inattese, accostando in modo inedito suoni e significati. Sono prevedibili e imprevedibili, proprio come i bambini. La prevedibilità è data dalla rima, dal ritmo che segue la danza del battito del cuore. L'imprevedibilità è data dal senso, dalle metafore, dalle costruzioni ardite. Sostanzialmente quindi, la filastrocca e il bambino parlano lo stesso linguaggio dell'incanto e della creazione libera. Per questi motivi il testo poetico arriva velocemente in profondità, là dove riponiamo e custodiamo i nostri sentimenti, i nostri pensieri segreti. Ho scritto partendo sempre da vissuti reali, da frasi che i miei alunni ripetevano frequentemente. I primi ad ascoltare i miei testi sono stati proprio loro: uditori attenti e severissimi. Le filastrocche hanno creato l'occasione per portare alla luce e vivere con consapevolezza le emozioni in classe. Poiché se è vero che la scuola è luogo di crescita dell'individuo, la didattica e la cura emotiva si devono tenere per mano. Queste rime sono una forma di comunicazione empatica che ha aiutato me e i miei ragazzi a comprendere che non siamo soli di fronte alla nostre fragilità, possiamo parlarne, possiamo sorridere, ridere e riflettere con serietà. Recitare una filastrocca può essere un momento didattico formativo che favorisce positivamente il moto dell'animo, il clima di classe e può incoraggiare alla creazione autonoma. Questo avviene attraverso lo studio, la pratica e la sperimentazione delle tecniche di composizione. Scrivere diventa così un momento magico e liberatorio. Ho realizzato questo libro con la speranza che i miei testi possano essere d'aiuto a tanti genitori, a tanti insegnanti e a chiunque abbia a cuore il benessere dei più piccoli, anche a scuola. Dedico le mie rime ai miei bambini, alunni per un giorno o per anni, poiché ognuno di loro mi ha regalato, con un sorriso, un frammento di meraviglia.

1. Ascoltami maestra

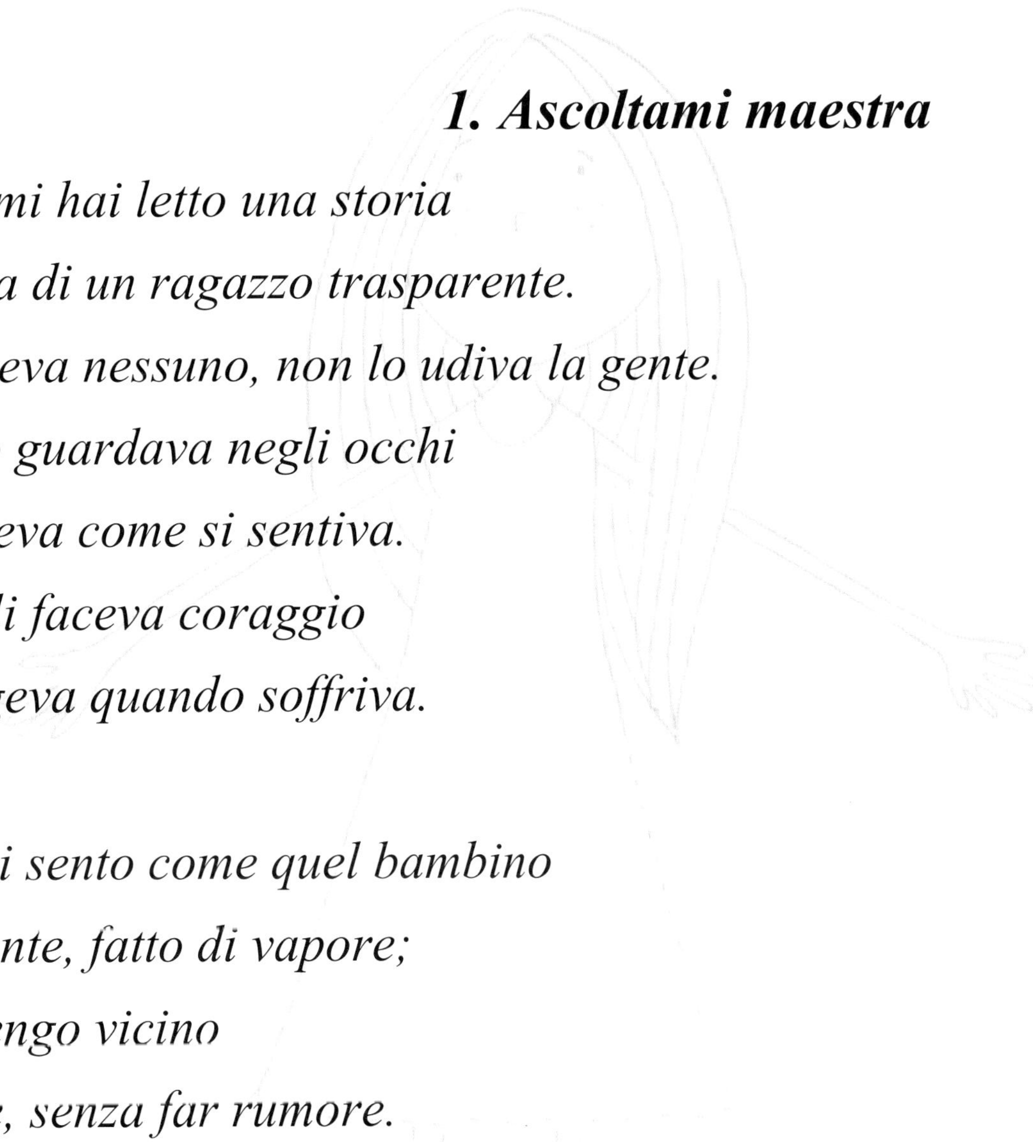

Una volta mi hai letto una storia
che parlava di un ragazzo trasparente.
Non lo vedeva nessuno, non lo udiva la gente.
Nessuno lo guardava negli occhi
o gli chiedeva come si sentiva.
Nessuno gli faceva coraggio
o si accorgeva quando soffriva.

Talvolta mi sento come quel bambino
fatto di niente, fatto di vapore;
allora ti vengo vicino
lentamente, senza far rumore.
- Ascoltami maestra -
sussurro piano piano.
Tu ti volti, sorridi
e mi prendi per mano.

2. Lettera d'amore di un bambino dislessico

Vorrei scriverti una lettera d'amore,
ma ho qualche problema con lettere e parole.
Forse tu pensi che io sia un imbranato
quando mi vedi arrancare nel dettato.

Io, dentro, ho vocabolari e termini di ogni tipo
alcuni me li invento
come –sbrigolone- o -babbafico-.
Quando scrivo però, la biro fa quel che le pare
e stanghe, righe e cerchi si mettono a ballare.

Ma se tu potessi scorgere la scritta nel mio cuore
leggeresti «BIANCA TI AMO»
senza nemmeno un errore.

3. Non sei più mia amica

Non sei più mia amica
me l'ha riferito Lisa a cui l'ha detto Federica.
Il perché non lo capisco davvero
e mi spuntano due lacrime di dolore sincero.

Ho detto a Carla che l'ha detto a Sara
che l'ha detto a Enrica
di spiegarti che io mi sento ancora tua amica.

Ma forse se parlassimo noi due sole
non servirebbero così tante parole
e nemmeno tanti messaggeri
sarebbe tutto ok com'è stato fino a ieri.

Basterebbe un sorriso
per mettere un cerotto
a un cuore amico, che ora,
sembra rotto.

4. Non ho fatto il compito ma non è colpa mia

Tanto per iniziare
io, il compito lo volevo fare.
È colpa di mia cugina Margherita
che ha rubato la mia matita preferita.
È colpa del mio gatto Lamberto
che ha fatto pipì sul mio quaderno aperto.
È colpa di mio fratello Arturo
che per due ore ha suonato col tamburo.
È colpa di nonna Assuntina
che cantava a squarciagola in cucina.

È colpa di qualcuno che non sono io.
La mamma, il papà, e forse anche lo zio.

5. Un bambino perfetto

Quale compito? Forse ero assente
e sul diario, non c'è scritto niente.

Maestra, tu lo sai, sono un bambino impegnato:
ho il calcio, il nuoto, il flauto
che è uno strumento a fiato.
Poi c'è il Karate, il corso di cucina
la lezione di acquerello e quella di ocarina.
Poi sono andato, mi pare, dal dentista,
ho accompagnato la mamma dal suo nuovo dietista.

Ho scordato il compito, e questo lo ammetto,
ma non è facile essere un bambino perfetto.

6. Non mi fanno giocare

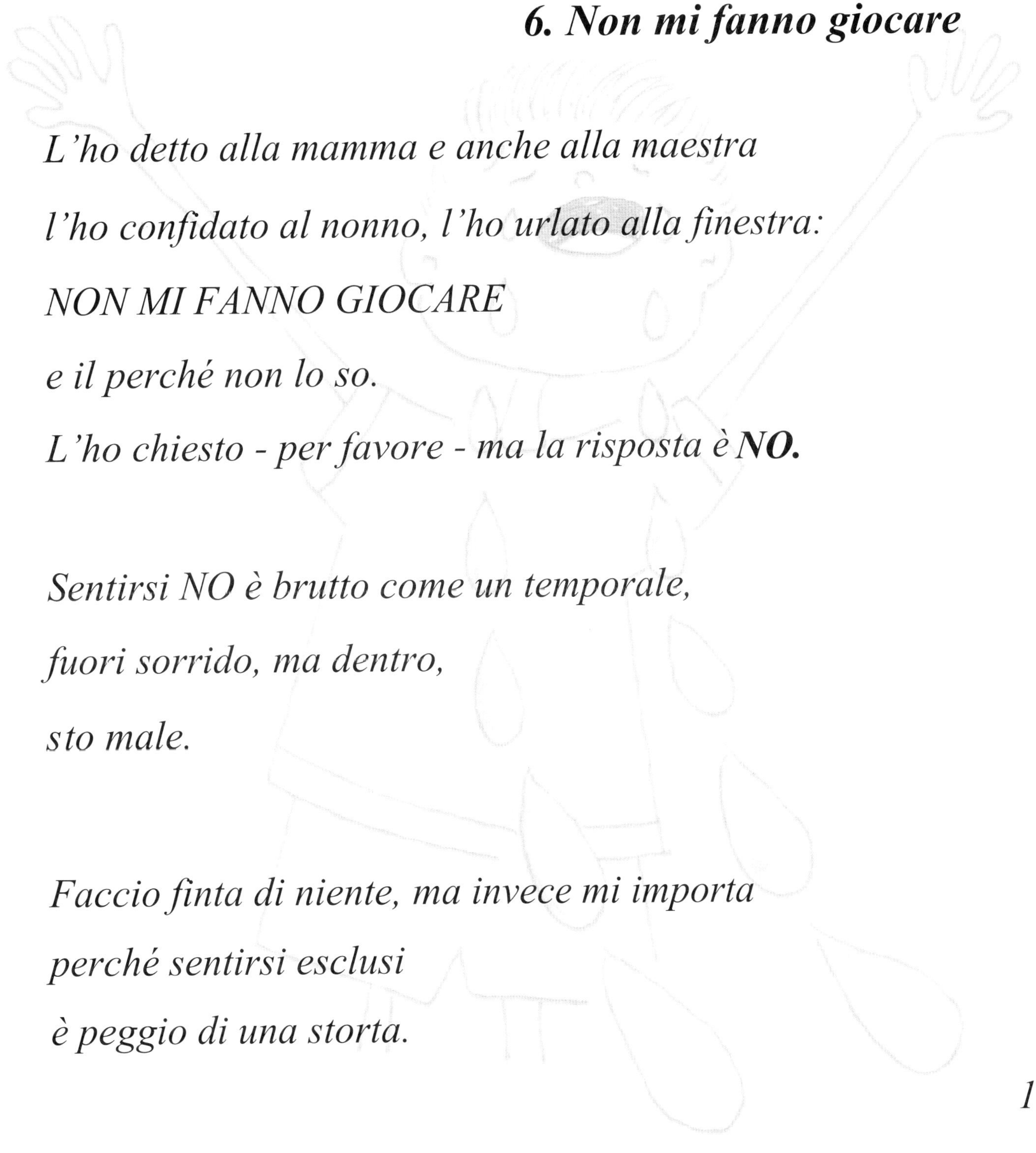

L'ho detto alla mamma e anche alla maestra
l'ho confidato al nonno, l'ho urlato alla finestra:
NON MI FANNO GIOCARE
e il perché non lo so.
L'ho chiesto - per favore - ma la risposta è ***NO.***

Sentirsi NO è brutto come un temporale,
fuori sorrido, ma dentro,
sto male.

Faccio finta di niente, ma invece mi importa
perché sentirsi esclusi
è peggio di una storta.

7. Video bullo?

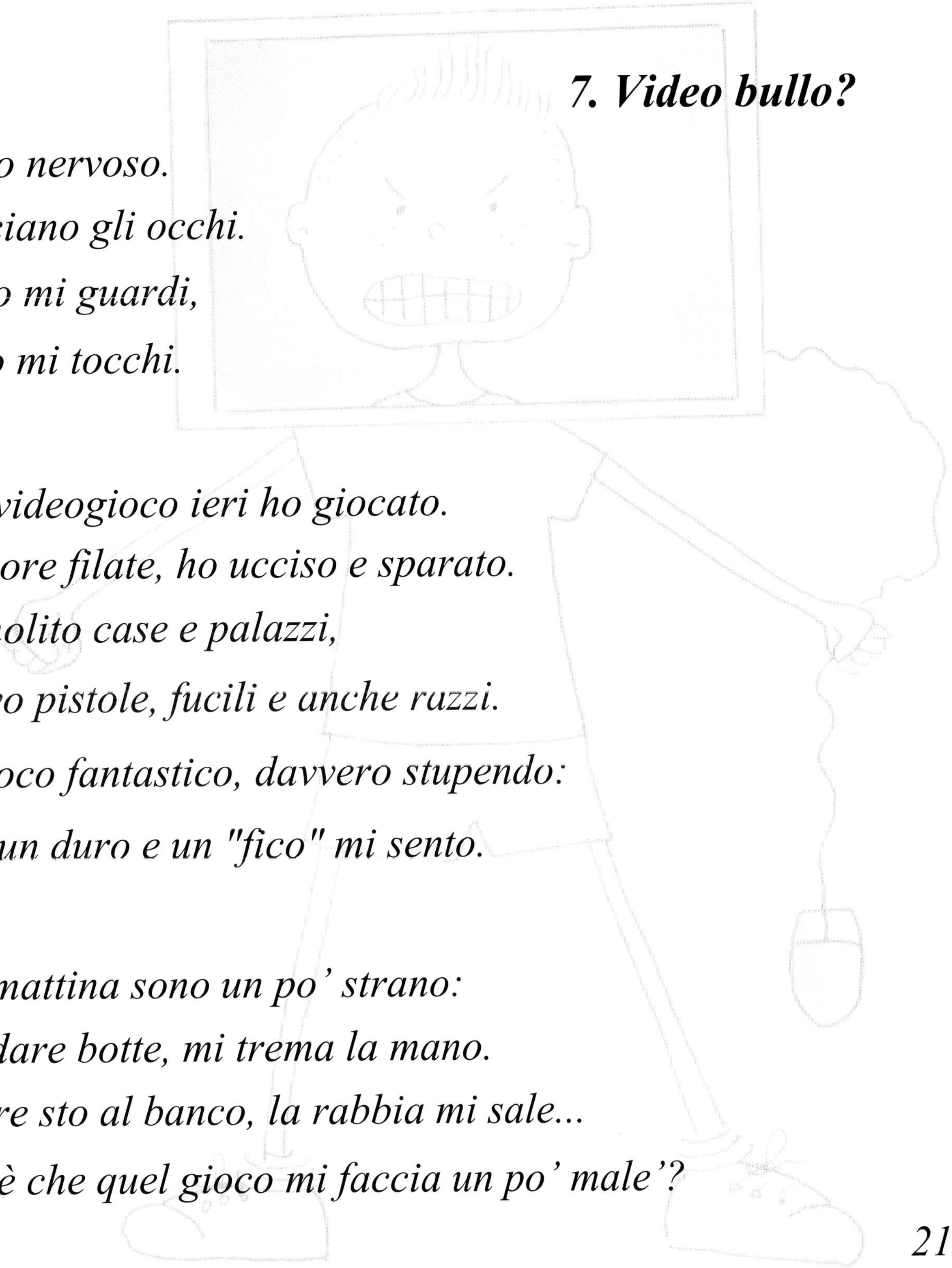

Mi sento nervoso.
Mi bruciano gli occhi.
Nessuno mi guardi,
nessuno mi tocchi.

Al mio videogioco ieri ho giocato.
Per tre ore filate, ho ucciso e sparato.
Ho demolito case e palazzi,
brandivo pistole, fucili e anche razzi.
È un gioco fantastico, davvero stupendo:
lì sono un duro e un "fico" mi sento.

Ma stamattina sono un po' strano:
vorrei dare botte, mi trema la mano.
E mentre sto al banco, la rabbia mi sale...
... non è che quel gioco mi faccia un po' male'?

8. Non sono stato io

Ecco lo sapevo, mi danno la colpa,
ma non sono stato io,
davvero,
questa volta.

Sarà stato Giulio probabilmente…
… Oh no! Dimenticavo che oggi era assente.
Sarà stato Luca, si sa che è birichino…
Ah! Mi scordavo che ormai vive a Berlino…
Sarà stato un alieno, sceso dal suo ufo
che di volare, forse, era un po' stufo…

Beh! Maestra, pensandoci attentamente
forse il mio pugno
ACCIDENTALMENTE
è finito sull'occhio di Luigi...
... quel fetente!

9. Odio il lavoro a coppie

Io con lui non ci vado
è lento come un bradipo azzoppato.

Lui? Troppo veloce e non aspetta
mi fa venire i nervi, per la fretta.

Quello? Troppo pasticcione
sul suo quaderno c'è mezza colazione.

Lei? Troppo alta, mi fa sentire basso.
Lui? Per carità, con quei capelli da gradasso.

Non è colpa mia maestra, se non trovo il tipo giusto
per lavorare in coppia
e trovarci anche gusto.

10. Ha iniziato lui

Ha iniziato lui.
Questo è certo:
un calcio a tradimento lui mi ha inferto.

All'improvviso è successo un quarantotto
e, forse, mi è scappato anche un cazzotto.

E ora?
Eccoci qui, noi due, in punizione
stiamo seduti, mentre c'è ricreazione.

Sembriamo due babbuini imbalsamati
con le braccia incrociate,
i volti imbronciati.

E mentre contemplo gli altri correre sul prato,
io penso - Che importa chi ha iniziato!

11. La nonna in cielo

Ho aperto il libro e sai che ho trovato?
Il quadrifoglio che mi avevi donato.
L'avevi colto per me al chiaro di luna
dicendo - Conservalo, ti darà fortuna.

E ripenso a te,
alle risate in cucina
agli strambi racconti di quand'eri bambina
al tuo profumo di panni puliti
alla farina sui tuoi vestiti.

- Adesso sei in cielo -
la mamma mi dice,
ma io non mi sento affatto felice.
La verità è che mi hai abbandonato
e ciò che mi resta
è un quadrifoglio essiccato.

12. Il mostro Pancite

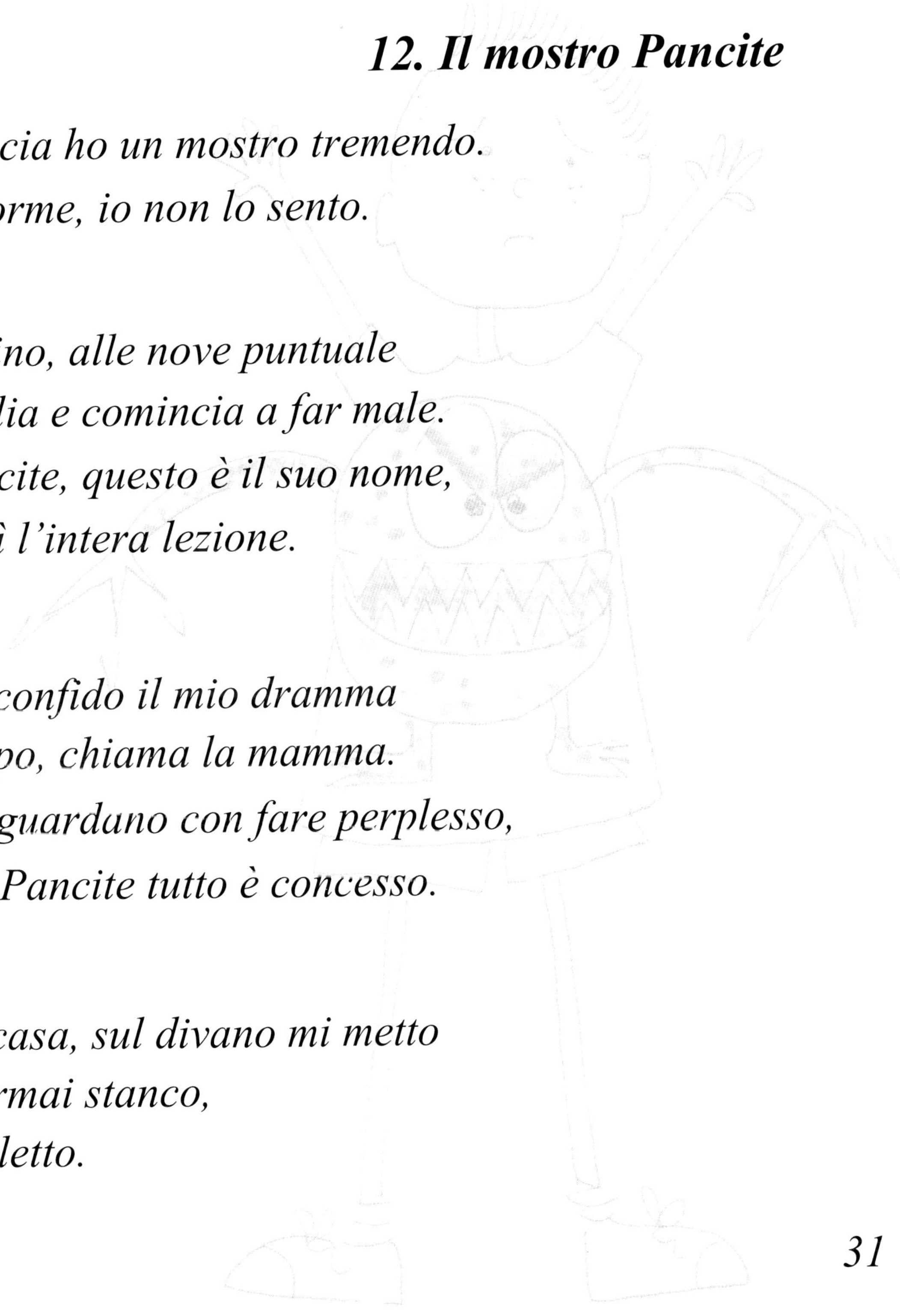

Dentro la pancia ho un mostro tremendo.
Quando lui dorme, io non lo sento.

Ma ogni mattino, alle nove puntuale
quello si sveglia e comincia a far male.
Il mostro Pancite, questo è il suo nome,
mi rovina così l'intera lezione.

Alla maestra confido il mio dramma
e lei, poco dopo, chiama la mamma.
Entrambe mi guardano con fare perplesso,
ma al mostro Pancite tutto è concesso.

Così torno a casa, sul divano mi metto
e il mostro, ormai stanco,
se ne torna a letto.

13. Diverso da chi?

Diverso da James
che è nero profondo.
Diverso da Giorgio
che è tutto biondo.
Diverso da Laura
che detesta il rosa.
Diverso da Sonia
così fantasiosa.
Diverso da Carlo
che gioca a pallone.
Diverso da Ale
il più bravo a lezione.
Diverso da Paolo sulla sedia a rotelle.
Diverso da Luca che studia le stelle.

Diverso da tutti, uguale a nessuno.
Diverso, ma uguale
nel rispetto di ognuno.

4
–
3
2
×
6
+
1
0
:
9

14. Non ci riesco, non ce la faccio

Non ci riesco, non ce la faccio.
mi trema la mano, mi sento uno straccio.
Questo problema non riesco a capire.
Mi sento incapace, vorrei scomparire.

Dall'occhio mi spunta un bel lacrimone.
La maestra intuisce la situazione.

Seria mi dice una cosa all'orecchio:
-Ti svelo un segreto che aiuta parecchio,
riprova di nuovo
e se non ti riesce
potrai anche sbagliare.
Ma è così che si cresce.

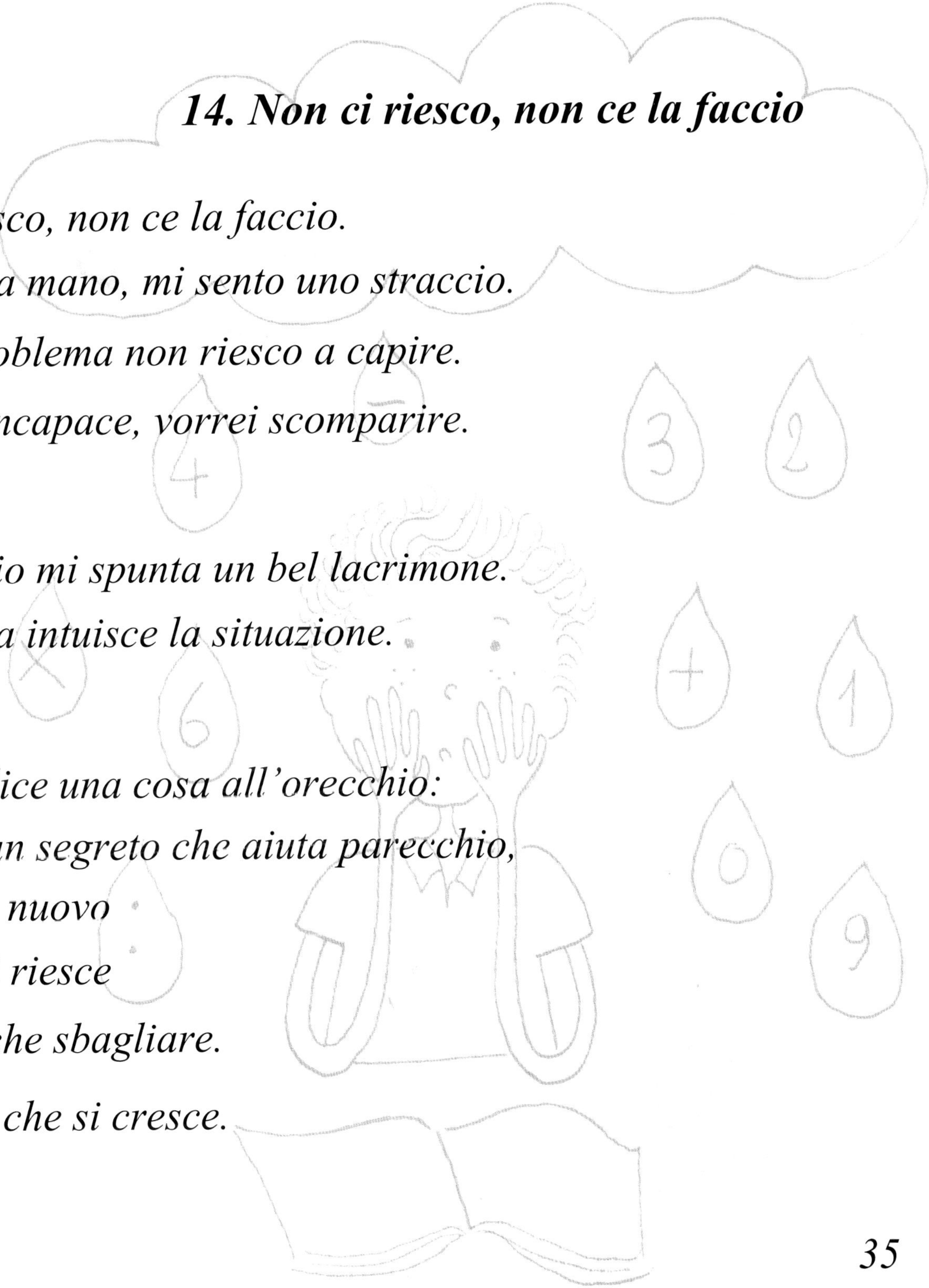